COMO ATRAER DINERO

Los 7 Pilares De La Mentalidad Millonaria

Solomon R. Battle

Primera Edición: Noviembre de 2023

Publicado Por: Editorial Esencia Literaria

"Cada paso hacia la riqueza es también un paso hacia el autodescubrimiento y la transformación personal. En cada elección, forjamos nuestro destino financiero."

Prólogo

Querido lector,

Es un honor acompañarte en la entrada a un viaje que no solo transformará tu enfoque hacia el dinero, sino que también moldeará tu destino financiero de maneras que ni siquiera podrías imaginar. Al abrir las páginas de "Cómo Atraer Dinero: Los 7 Pilares De La Mentalidad Millonaria", te embarcas en una odisea donde las riquezas de la mente se entrelazan con la prosperidad tangible.

Solomon R. Battle, autor de esta obra, no solo comparte principios; comparte una visión. Desde las primeras líneas, te insta a desafiar tus suposiciones sobre la riqueza y a adoptar una mentalidad millonaria. Este libro no es simplemente un manual; es una guía comprensiva que te sumergirá en los fundamentos clave para atraer dinero a tu vida.

Al adentrarte en estos pilares de la mentalidad millonaria, notarás que no estás solo en este viaje. Cada palabra está impregnada de la sabiduría que solo la experiencia puede brindar, respaldada por casos reales y anécdotas que te harán reflexionar sobre tu relación con el dinero. No se trata solo de acumular riquezas; se trata de cultivar una mentalidad que te guiará hacia el éxito financiero y personal.

Este libro es más que una hoja de ruta; es un compañero. Descubrirás que cada lección, cada estrategia compartida por Solomon, tiene la intención de allanar el camino hacia tu realización financiera. A medida que avanzas, encontrarás ejercicios prácticos diseñados para desafiarte y motivarte a aplicar estos principios a tu propia vida.

"¿Cómo puedo atraer dinero a mi vida?" Esta pregunta resuena en la mente de muchos, pero la respuesta, como descubrirás, va más allá de meros consejos financieros. Solomon R. Battle te invita a explorar las raíces profundas de tu relación con el dinero y a utilizar ese entendimiento para construir una base sólida para tu éxito financiero.

Así que, con entusiasmo y dedicación, te animo a sumergirte en "Cómo Atraer Dinero". Que este libro se convierta en tu brújula en el vasto océano financiero, guiándote hacia nuevas alturas de prosperidad y abundancia.

— Samuel López

Hablemos De Finanzas - YouTube

[05/11/2023]

Índice

Introducción

En este libro te diré por qué tan pocas personas han tenido éxito en vivir la vida que desean, y por qué algunos solo atribuyen su destino a la "suerte".

Todos tenemos dos manos, dos pies, un cerebro y libre albedrío, pero ¿por qué algunos persiguen sus sueños sin saber cómo alcanzarlos? ¿Qué hace que algunas personas ayuden a otros a seguir sus sueños mientras matan los suyos? ¿Qué te falta en este viaje por la vida? Muchas preguntas, una respuesta simple: ¡tus hábitos y tu forma de pensar!

Vivimos en un mundo acelerado que cambia más que nunca en la historia humana. En este siglo, no puedes resolver los problemas de hoy con soluciones antiguas. Aunque algunos consejos para crear riqueza son atemporales, tiene poco sentido recurrir a consejos antiguos para tener éxito hoy.

Muchos no entienden por qué algunas personas tienen éxito y otras no. Sin embargo los exitosos nacen(o aprenden) ciertos "talentos" productivos y carecen de los que causan el fracaso. De hecho, las personas exitosas alcanzan sus metas personales y profesionales no por quiénes son, sino por sus hábitos y mentalidad que desarrollan activamente.

Hoy enfrentamos nuevos problemas por ejemplo: la inflación descontrolada del dinero, la pérdida de valor del dólar, los precios de la propiedad suben tan rápido que la familia promedio no puede costearlos y la clase media está desapareciendo.

Lo primero que necesitas para obtener lo que quieres en la vida es un aumento sin precedentes de *motivación*. Hemos investigado las cualidades comunes de las personas más exitosas del mundo y reunido historias que te motivarán y querrás incorporar esos hábitos en tu vida.

Mientras lees sobre cómo cambiar tu mentalidad, escucha estas palabras en tu corazón y mente, luego imagina cómo serías si ese hábito ya fuera tuyo. Luego debes trabajar para adquirirlo en tu vida, solo soñar con ser la persona que deseas no te llevará allí. Debes ver qué debes hacer diferente y analizar qué te impide adquirir esa mentalidad.

No tenemos preferencia personal por las personas que vamos a mencionar en este libro ni tú necesitas tenerla. El verdadero propósito de este libro es dejar claro que los humanos somos seres inteligentes con un potencial increíble. Las personas mencionadas aquí han desbloqueado su máximo potencial humano.

Podemos lograr lo que nuestra mente percibe simplemente teniendo disciplina para adquirir y mejorar estas cualidades. Por eso escribí este libro, para recordarte que: **¡la creación de riqueza es posible para ti!**

Pilar Número Uno: El Éxito Es Un Hábito, No Un Resultado Final

Imagina lo primero que haces por la mañana al despertar. ¿Presionas el botón de repetición de la alarma y vuelves a dormir, o te levantas con una sonrisa en la cara tan pronto suena la alarma y te preparas para enfrentar el día? Si elegiste lo último, podrías estar en camino hacia el éxito.

Puede no parecer gran cosa, pero comenzar el día temprano y tener una buena rutina matutina son hábitos que la mayoría de las personas ricas y exitosas tienen. Veamos por qué estos dos hábitos son importantes y reflexiona sobre cómo empiezas tu día.

Comenzar el día temprano

La mayoría de las personas establecen su alarma antes de dormirse. Lo hacen a una hora específica porque saben que levantarse en ese momento les da suficiente tiempo por la mañana para prepararse e ir al trabajo. Algunas personas presionan el botón de repetición para obtener 15 minutos adicionales de sueño. Esto desordena su rutina matutina.

Los 15 minutos extra que pasaron durmiendo deben compensarse apresurando sus otros rituales matutinos. La prisa agrega estrés y ansiedad innecesarios tan temprano en la mañana.

El estrés matutino puede extenderse durante el resto del día, ya que los horarios pueden desorganizarse incluso con solo 15 minutos adicionales de sueño. Las personas podrían llegar tarde al trabajo y perder reuniones importantes.

En su prisa por irse, podrían olvidar documentos importantes en casa. Peor aún, podrían terminar teniendo pequeños accidentes porque conducen más rápido de lo habitual. Las posibles consecuencias de presionar el botón de repetición en el despertador son interminables.

A diferencia de otras personas, una persona exitosa generalmente establecería su alarma por la noche y se levantaría de inmediato cuando suena. Esta es su forma de controlar su día en lugar de simplemente reaccionar a él. Cuando realizas tu rutina matutina sin necesidad de apresurar tus acciones, comienzas el día relajado y enfocado. No estás reaccionando ante la idea de llegar tarde corriendo durante el desayuno o incluso saltándolo.

En cambio, tienes control total de tu mañana y la tranquilidad de saber que tienes suficiente tiempo para hacer tu rutina y llegar al trabajo. Cuando tienes control total sobre tus acciones y emociones, estás marcando el ritmo para el resto de tu rutina matutina y el resto de tu día también.

Para algunas personas, prepararse significa despertarse a las 5 AM, mientras que para otras podría significar despertarse a las 7 AM. Esto se debe a que algunas personas tardan más en prepararse que otras. No hay una fórmula exacta para el momento adecuado para despertar, pero la mayoría de las personas exitosas se despiertan muy temprano por la mañana para hacer más y aprovechar al máximo su día.

Tener una buena rutina matutina

Cómo comienzas tu día dictará cómo vives tu vida. Si empiezas el día respondiendo correos electrónicos, por ejemplo, estás haciendo algo para otra persona lo primero en la mañana. Esta acción te dice que estás priorizando el trabajo sobre todo lo demás. Esto también podría hacerte pensar subconscientemente que las necesidades de otras personas son más importantes que las tuyas.

Por otro lado, si comienzas haciendo cosas personales como meditar, hacer ejercicio o establecer metas personales para el día, estás priorizando tu bienestar antes que cualquier otra cosa. Esto es lo que hace una persona exitosa. Las personas exitosas saben que tienen el poder de controlar lo que sucede en su vida. Por lo tanto, hacen una prioridad trabajar en sí mismas antes que en todo lo demás. Saben que solo ellos pueden determinar su éxito o fracaso, así que trabajan en su activo más importante que es su mente, cuerpo, corazón y alma.

Comienza con tu cuerpo. Una buena rutina matutina consiste en hacer algo que mantenga tu salud. Cosas como hacer ejercicio, mantener una higiene personal adecuada, desayunar, beber agua, y cosas así, son ejemplos de rutinas que puedes hacer que son buenas para tu cuerpo. Tener un cuerpo sano te da más energía para abordar las tareas más difíciles de tu día.

Hacer una lectura tranquila es una buena rutina matutina que alimentará tu mente. La lectura aumenta tu conocimiento y alimenta la mente. Intenta leer artículos de noticias o leer un libro por la mañana y observa qué sucede. Establecer metas personales para el día es otra forma de nutrir tu mente. Tus metas diarias le dan a tu mente un mapa virtual que puede seguir para ayudarte a alcanzar el éxito. Tener una imagen clara de lo que quieres podría facilitar su realización. Establecer metas diarias también te ayuda a organizar tu día.

Para tu corazón y alma, simples rutinas matutinas como abrazar a tus seres queridos, rezar y meditar pueden hacer maravillas. La meditación y la oración apoyan la relajación, mientras que pasar tiempo con tus seres queridos por la mañana promueve el vínculo y fomenta la comunicación. Cuando te sientes relajado, estás más centrado y enfocado en alcanzar tus objetivos en lugar de reaccionar al estrés y la ansiedad. Cuando te sientes amado, te sientes más inspirado para tener éxito.

Estudio de caso:

Bill Gates, el estadounidense más rico y presidente de Microsoft, visualizó computadoras en cada escritorio y software de Microsoft en cada computadora mucho antes de que sucediera.

Bill Gates ha descrito su imaginación y previsión como uno de los mayores activos para lograr el éxito empresarial. Desarrolló nuevas tecnologías y diseñó nuevas oportunidades en gran parte debido al aspecto del pensamiento creativo en la ingeniería. ¿Hacia dónde va el mundo de la tecnología? ¿Cómo podemos crear e innovar conceptos existentes? ¿Cómo imagina la gente el futuro en relación con un cierto medio? Sea cual sea la industria, imaginar el futuro es el primer paso para verlo realizado. Crear algo que resuelva un problema, satisfaga una necesidad o genere soluciones innovadoras comienza haciendo la transición del pensamiento creativo a los principios aplicados.

Bill Gates afirma que su mayor arrepentimiento personal es no haber aprendido sobre la pobreza global e indecencias que afectan a muchos países antes en su vida. Este año, durante las graduaciones universitarias, recurrió a las redes sociales y dio muchos consejos a los graduados sobre qué hacer a partir de ahora, incluido mantenerse energizados y centrarse en las industrias de ciencias, energía e inteligencia artificial.

Pilar Número Dos: El Fracaso Es Sólo Una Parte Integral

Seguro has escuchado que el intentar algo y fallar puede ser difícil. Por ejemplo, podrías seguir todos los pasos de la Ley de la Atracción y los principios de Hill y aun así terminar con la esperanza rota de volverte rico. El fracaso puede hacer que pierdas la fe en el poder de tu mente. Algunas personas se desaniman tanto con un solo fracaso que ni siquiera consideran intentarlo de nuevo. Pero debes saber que los logros más grandes de la historia de la humanidad se alcanzaron después de varios intentos y fracasos. Fracasar es necesario para crecer.

A mucha gente le asusta el fracaso porque puede hacer que se sientan tontos, inútiles e incompetentes. Sin embargo, el fracaso puede sucederle a cualquiera en cualquier momento. Lo importante es aprender a manejar la situación.

Una mentalidad positiva puede eliminar el miedo al fracaso. Todos experimentan fracasos, pero la diferencia radica en cómo se comportan después de esa experiencia. Las personas difieren en la forma en que ven los eventos de su vida. En realidad, lo que importa no es lo que experimentas, sino cómo reaccionas ante esa experiencia. Cambiar tu mentalidad con respecto al fracaso es la clave para manejarlo de manera efectiva.

Los fracasos son oportunidades para mejorar y aspirar a algo mejor. En lugar de temer al fracaso, debes considerarlo como un desafío. De esta manera, el fracaso mismo se convertirá en una motivación para ti. Hay varias formas de ver el fracaso, además de ser una experiencia oscura y aterradora. Además, hay muchas otras formas de lidiar con esa experiencia.

Una de ellas es no tomarse el fracaso de manera personal. Fracasar es una experiencia que describe la interacción de alguien con el mundo. No se trata de la persona; por lo tanto, no debe tomarse de manera personal. Debes aprender a ser objetivo con tus experiencias.

Si no quieres encontrarte con el fracaso, entonces debes dejar de pensar en él. A veces, las personas temen tanto al fracaso que inconscientemente lo convierten en su objetivo. Concentrarse demasiado en el fracaso resultará en su manifestación.

Por último, debes desarrollar tu perseverancia. Rendirte después de un fracaso no te llevará a ninguna parte; al contrario, enfrentar el fracaso de frente es buscar el mayor éxito.

Muchos ricos y exitosos dicen que el camino hacia el éxito nunca es fácil. A menudo requiere sacrificios, sudor, sangre y lágrimas para lograr tus metas y disfrutar de una vida exitosa. Además de todo eso, encontrarás errores, fracasos y rechazos en el camino. Todo esto puede desanimarte fácilmente y distraerte de alcanzar tus metas. Lo que mantiene a las personas exitosas de rendirse es su persistencia.

Persistir significa que nunca te rindes en trabajar y alcanzar tus metas a pesar de todas las dificultades y obstáculos que encuentras en el camino. Es fácil renunciar cuando te enfrentas a obstáculos difíciles y aparentemente imposibles de superar. Pero cuando persistes y nunca te rindes, hay una sensación más profunda de satisfacción al saber que trabajaste en ello y al final ganaste.

Tomemos como ejemplo a Jack Ma. El fundador de una empresa de compra y venta en línea de millones de dólares fue rechazado por Harvard 10 veces antes de tener éxito en la vida. Otras historias de éxito famosas incluyen a Thomas Edison, a quien sus maestros describieron como alguien "demasiado estúpido para aprender algo", y Walt Disney, que fue despedido de un trabajo en un periódico porque supuestamente "carecía de imaginación". Hoy, Thomas Edison tiene más de 1,000 patentes a su nombre y es un inventor famoso en todo el mundo. La empresa de Walt Disney ahora vale miles de millones de dólares y es el lugar donde la imaginación prospera. Estos contratiempos obviamente no los detuvieron en la búsqueda de sus sueños, y han tenido éxito.

Estas personas, ahora millonarias y multimillonarias, se volvieron exitosas porque creían en sus talentos. Saben que la opinión de una persona no es la opinión de todo el planeta. Creen que en algún lugar del mundo hay alguien que comparte sus ideas y podría ayudarlos a tener éxito. Persistieron con su pasión, ya sea por dibujar o por inventar, sin hacer caso a los detractores que siempre intentan derribarlos.

Las personas persistentes tienen éxito en la vida porque no ven los errores y fracasos como obstáculos permanentes para su éxito. Los ven como contratiempos temporales donde se pueden aprender lecciones. Los errores son oportunidades para intentarlo nuevamente y no rendirse por completo. Simplemente significa que aún no han encontrado la fórmula correcta, así que necesitan comenzar de nuevo. Su actitud positiva hacia el fracaso los ayuda a seguir adelante e intentar otro experimento utilizando variables diferentes de sus experimentos fallidos anteriores.

Ser persistente se considera una cualidad de una persona con un carácter fuerte y fuerza interior. Una persona persistente soportará las dificultades y asumirá las tareas más difíciles para obtener más recompensas. Son aquellos que nunca se quejan y nunca se rinden. Convertir la persistencia en un hábito puede hacerte un ganador, sin importar cuál sea el resultado. Solo las personas que persisten pueden alcanzar sus sueños.

No confundas la persistencia con ser una molestia. Los paparazzi son ejemplos perfectos de lo que significa ser una molestia. Para ellos, es solo persistencia cuando persiguen a una celebridad para obtener una foto. Pero cuando intentan obtener fotos de momentos privados o íntimos de una celebridad, ya no es persistencia. También ha habido muchas instancias en las que las personas han sufrido accidentes solo por tratar de evitar a los paparazzi. Hay una línea delgada entre la persistencia y ser una molestia. No seas lo último.

Para convertirte en una persona persistente, debes practicar fortalecer tu fuerza de voluntad. También debes disciplinarte para soportar todas las dificultades que se te presenten. Los contratiempos ya se consideran algo dado. Solo tienes que superarlo y volver a intentarlo.

Si tu emprendimiento comercial no funcionó, no te desanimes. Aprende de tus errores, míralo desde un ángulo diferente y vuelve a intentarlo. Incluso si te rechazan varias veces, no dejes que te desanime. Thomas Edison dijo una vez que, por muchos experimentos fallidos que haya tenido, insistió en que no falló y que simplemente encontró 10,000 formas que no funcionaron. Mira el lado positivo del fracaso y aprende de él.

Encuentra personas en las que confíes y que te quieran ayudar a levantarte de este revés. Tómate un respiro y luego inténtalo de nuevo. Tarde o temprano encontrarás algo que tendrá éxito. Es solo cuestión de encontrar la fórmula correcta en el momento adecuado. Reevalúa, revisa y vuelve a intentarlo.

Ya te guste o no, en algún momento de tu vida enfrentarás fracasos y errores. Cómo manejes estos problemas dicta cuánto éxito tendrás en la vida. Maneja los problemas como si fueran obstáculos insuperables y habrías dejado de experimentar por completo y nunca experimentarías el éxito. Pero trátalos como contratiempos temporales y lecciones aprendidas, y habrás logrado encontrar la fórmula correcta para el éxito con tu persistencia.

Estudio de caso:

El Coronel Sanders es un ícono que vale la pena conocer. Más allá de reconocerlo como la persona que comenzó KFC, las generaciones futuras deberían conocer sus contribuciones a la industria alimentaria y obtener inspiración de su vida. El Coronel Sanders pasó por mucho antes de tener éxito. También comenzó tarde en su vida. Eso es algo a lo que podemos aspirar para encontrar inspiración.

La vida del Coronel Sanders nos enseña a nunca rendirnos. Si nos esforzamos continuamente por nuestras esperanzas y sueños, podemos lograr cosas similares a las que hizo el Coronel Sanders. Recuerda eso cada vez que veas su rostro en el logo de KFC.

Pilar Número Tres: Invierte En Ti Mismo

La inversión se trata de aumentar el valor de tus activos, en otras palabras, se trata de maximizar lo que tienes. Tomemos como ejemplo invertir en propiedades. Podrías comprar una casa y esperar diez o veinte años hasta que el mercado la valore mucho más alto que el precio de compra, o podrías invertir tiempo, esfuerzo y un poco de dinero en mejorarla, repintarla, redecorarla, quizás agregar una piscina. Al hacer esas cosas, aceleras el aumento en el valor de mercado de la casa. Eso es básicamente lo que implica darle la vuelta a una propiedad.

Lo mismo se aplica a las personas. Si consigues un trabajo y te quedas allí veinte años, no estarás ganando más cuando te vayas que cuando empezaste, simplemente debido al aumento del costo de vida. Puede que nunca te asciendan, ni asumas nuevas funciones o aprendas algo nuevo, pero para cuando te vayas, no estarás ganando más dinero.

Sin embargo, si inviertes en ti mismo, aprendiendo, adquiriendo nuevas habilidades, buscando constantemente nuevos desafíos, es probable que en algún momento te noten, y eso se traducirá en ascensos, aumentos y tal vez incluso en mudarte a "pastos más verdes".

Tu Posicionamiento Determina Dónde Terminarás

En bienes raíces, hay un dicho: "¡todo lo que cuenta es la ubicación, ubicación, ubicación!" Dado que eres el diseñador, arquitecto y constructor de tu estilo de vida, cómo te posicionas determinará dónde terminarás.

Si te sientas en un rincón, esperando silenciosamente a que la vida te suceda, es probable que pases desapercibido, independientemente de tus habilidades, talentos y valor. En cambio, si te aseguras de ser visible y no solo aceptas el crédito por tus logros, sino que lo exiges, descubrirás que serás notado y tendrás muchas más posibilidades de alcanzar el éxito que sueñas.

Piensa en el posicionamiento como la función de ventas: Has trabajado duro, invertido tiempo, dinero y esfuerzo para tener las habilidades y el conocimiento que tienes. Ahora necesitas comercializar tu producto. ¿Saldrías a vender algo con una carta mal escrita a mano y un discurso de ventas torpe y desarticulado?

Si lo hicieras, serías un vendedor terrible. No, te asegurarías de lucir bien, tener materiales de ventas elegantes y que tu discurso sea pulido hasta el más mínimo detalle. Te prepararías y te posicionarías, a ti y a tu producto, de manera irresistible para tus clientes. Exactamente así es como debes manejar tu vida. Posicionando tu producto (tú) de tal manera que tus clientes (el mundo) simplemente no puedan decir que no. Ofréceles una oferta que no puedan rechazar. Mira, habla y actúa como si supieras cuál es tu valor, y nadie dudará ni por un segundo que es verdad.

Lo Que Viene Después de tu Nombre Determina su Valor

¿Alguna vez has mirado la tarjeta de presentación de un profesional? Es probable que haya una serie de letras, todas las cuales indican su éxito en los estudios. Desde MD hasta Ph.D., MBA y más, esas pequeñas letras significan mucho en cuanto a cómo el mundo te percibe desde el principio.

Considéralo: si ves una de esas tarjetas, incluso si no has visto a la persona, ya tienes una idea de cómo debe ser, ¿verdad? ¿Culto, exitoso, feliz y próspero? Probablemente tengas razón. Aunque los estudios no nos lo dan todo, tomarse el tiempo y el esfuerzo para invertir en nosotros mismos al ampliar nuestro conocimiento muestra al mundo que nos valoramos a nosotros mismos, y eso, a su vez, aumenta el valor que el mundo nos otorga.

El Dr. Phil, el conocido psicólogo, suele decir: "Enseñas a las personas cómo tratarte". Esa es una de las razones por las que las letras detrás de un nombre marcan la diferencia en cómo las personas te perciben y tratan.

Por supuesto, no solo son letras las que van después del nombre. Considera los artículos que lees. Por ejemplo, podrías leer algo sobre Richard Branson. Él nunca terminó la escuela, pero las palabras "empresario multimillonario" o "fundador del Imperio Virgin" casi siempre siguen su nombre. Esas palabras están ahí, no por una universidad o un pedazo de papel, **sino por sus esfuerzos.**

Tu Red Refleja tu Patrimonio Neto

Recuerdas cuando tu mamá te decía que te alejaras de alguien porque era una "mala influencia". Eso no se detiene cuando creces.

Considera que cuantas más personas conozcas, más oportunidades se te presentarán. Cuantas más oportunidades encuentres y tomes, mayores serán tus posibilidades de aumentar tu patrimonio neto.

Por otro lado, por pura matemática, tu red es tu mejor herramienta de marketing personal y profesional. Ya sea que estés buscando trabajo u oportunidades de negocios, tu red es el mejor lugar para comenzar. Puedes estar preguntándote por qué digo eso. Sin embargo, considera que tienes una red de diez personas. Cada una de esas diez personas tiene diez de las suyas. Para cuando llegues al tercer nivel de tu red, tendrás más de mil personas en tu red extendida.

Por esta razón, debes cuidar tu red manteniendo el contacto con personas clave que agreguen valor a tu vida.

El verdadero éxito, ya sea financiero o de otro tipo, depende de las conexiones correctas. Construir y mantener tu red tiene mucho sentido. Pero construir una red poderosa te lleva aún más lejos. Debes tener claro los criterios de las personas que incluyes en tu red de poder. ¿Tienen estas personas algo que valoras y tú tienes algo que ofrecerles? La red de poder se trata de dar y recibir, con la comprensión de que cuanto más das, más recibirás. A nadie le gustan los aprovechadores, pero todos valoramos a aquellos que comparten sus recursos e ideas.

No todas tus redes van a ser sobre éxito empresarial o profesional, y no deberían serlo. Necesitas redes que te impulsen en otras áreas, como una red espiritual de amigos que te ayuden a crecer en tu viaje espiritual. Necesitas una red divertida de personas con las que disfrutes pasar el tiempo, y así sucesivamente. Tu valía no se mide solo en dólares y centavos, y tu red también debe estar equilibrada para que siga un crecimiento y éxito reales. Haz crecer tu red y haz crecer tu patrimonio neto.

El Valor de tu Posicionamiento

De la misma manera que tus calificaciones y logros determinan tu valía, también determinan la suya. Las personas nunca son puramente la suma de lo que saben, en papel o de otra manera. La personalidad, la motivación, la ambición y muchos otros factores entran en juego, y es la suma de esas partes la que finalmente determina tu valor y tu valía.

Sin embargo, en un sentido puramente literal, tus calificaciones y logros, las cosas que van después de tu nombre, impactarán en tu capacidad de ganancia, al menos inicialmente. Considera que el salario inicial para un graduado de secundaria puede ser tan bajo como el salario mínimo, a veces incluso menos. Un graduado universitario, sin embargo, podría recibir un buen salario inicial simplemente por lo que aporta a la sala.

¿Cuál es el factor determinante? En un puesto de nivel de entrada, serían las letras detrás de tu nombre. Aunque un título, diploma o certificado nunca puede determinar tu valía total, o de hecho, tu posibilidad de éxito o fracaso a largo plazo, ciertamente te ayudarán a poner un pie en el primer peldaño de la escalera hacia el éxito.

Hay un gran valor en tomarte el tiempo y gastar recursos en posicionarte al aumentar tu conocimiento, experiencia, encontrar y hacer crecer la red correcta. Esto no solo se trata de tener "derechos de presumir", sino también de crear un valor real en quién eres y lo que tienes para ofrecer al mundo.

Invierte en un Futuro Inteligente

Si quieres tener éxito, tendrás que aprender a ser más intuitivo. Lo que el mercado quiere hoy no necesariamente es lo que querrá mañana o pasado mañana, y si te enfocas solo en proporcionar lo que se requiere y desea hoy, cuando llegue mañana podrías encontrarte obsoleto.

Sin mencionar que las personas más exitosas del mundo han sido, cada una a su manera, pioneras. Desarrollando formas nuevas e inauditas de ofrecer sus productos, servicios o mensaje al mundo. Sin ese espíritu pionero, todos seguiríamos sentados en una cueva, esperando que caiga un rayo para tener una comida caliente.

Prestar atención a lo que el mundo va a querer, tanto como lo que quiere ahora, te beneficiará cuando llegue el momento. Si vas a liderar una vida significativa, necesitas volverte "un futuro inteligente" y ser parte de inventar el futuro que deseas para ti y el mundo que te rodea. Muchas personas se han sorprendido en la reciente recesión global porque pensaron que lo que tenían siempre sería lo que necesitarían para mantenerse adelante en el futuro. No te dejes sorprender, vuélvete futuro inteligente.

Estudio de caso:

Tiger Woods afirma haber estado utilizando técnicas de visualización creativa para atraer el éxito desde una edad muy temprana. Ha estado utilizando el increíble poder de su mente para visualizar exactamente dónde quiere que su bola de golf se detenga. Hoy, es uno de los jugadores de golf más famosos y exitosos de todo el mundo. Los mejores atletas olímpicos y otros grandes deportistas simulan el juego en sus mentes y se visualizan a sí mismos como ganadores y artistas destacados un día antes de jugarlo.

Se ha estudiado que si los deportistas que son entrenados mentalmente sobre los consejos y trucos de su juego, actúan con resultados iguales (o a veces mejores) que los deportistas que se entrenan por igual tiempo en la realidad. Es porque nuestra mente no puede distinguir entre algo que se ha visualizado una y otra vez en la imaginación mental y algo que sucedió en la realidad.

Pilar Número Cuatro: Sueña En Grande

Todas las personas exitosas son optimistas, y todas las personas optimistas son, de una u otra manera, tarde o temprano, exitosas en alcanzar sus metas de vida. Las personas optimistas tienden a ver el vaso medio lleno, no medio vacío. Creen que todo el universo les es favorable y los ayuda a lograr sus sueños.

Sin embargo, lo que la mayoría de las personas tiende a hacer es ser optimista durante todo el viaje hacia su objetivo, y cuando están a punto de alcanzarlo, pierden la paciencia, se convierten en víctimas de la crítica y le dan la espalda al objetivo, incluso cuando este intenta jalarlos de vuelta, pero todo en vano. Esta es la razón por la cual no tenemos una historia de éxito para cada soñador y una historia de riquezas para cada persona pobre.

Cuando a Bill Gates le preguntaron si recogería un billete de un dólar del suelo, él respondió que estaría más que dispuesto. Warren Buffett respondió diciendo que si a Bill Gates se le escapaba ese dólar, a él no. No es que tengan hambre de dinero, sino que es la construcción optimista de su mente la que les permite percibir las cosas y los ha llevado a ser las personas más ricas hoy en día.

Sabiduría del siglo XX

Las personas exitosas del siglo XX tenían tanto optimismo en ellas que muchos de los emprendedores de hoy los consideran sus maestros, incluso si no los conocieron directamente. A W. Clement Stone se le describe como un paranoico, no el tipo que ves en el manicomio, sino un paranoico inverso. Mientras que un paranoico puede creer que el mundo está conspirando para hacerle daño, él creía que el mundo estaba conspirando para hacerle bien. Buscaba oportunidades en cada situación desafiante o difícil y utilizaba esas oportunidades para fortalecerse, enriquecerse o avanzar en sus causas.

Napoleon Hill mencionó en uno de sus famosos libros estas palabras doradas: "Cada adversidad, cada fracaso y cada desilusión lleva consigo la semilla de un beneficio igual o mayor". De manera similar, John D. Rockefeller siempre intentaba convertir cada desastre en una oportunidad.

La actitud para escalar importa, la altitud de la montaña no

Realmente depende de nosotros cómo percibimos cualquier situación u oportunidad. Henry Ford fue un empresario altamente optimista y creía que si pensamos que podemos hacer algo o pensamos que no podemos hacer algo, de cualquier manera, estamos en lo cierto. Entonces, no es el problema o el obstáculo en nuestro camino lo que importa; es nuestra actitud hacia el obstáculo lo que importa y determina si podemos avanzar hacia nuestras metas o no.

¿Por qué estamos en lo cierto de cualquier manera según Ford?

En otras palabras, la pregunta es: ¿funciona el pensamiento positivo o es solo un hecho seudocientífico? Si piensas y crees que no puedes hacer algo o no puedes cumplir una tarea en un tiempo específico, simplemente no lo harás. Ahora, si piensas que puedes, o te pones constantemente a creer que puedes (y luego cuando la mente también responde "sí, puedes"), es más probable que hagas las cosas necesarias para hacerlo realidad. Entonces, finalmente, cuando tienes una imagen clara de ti mismo logrando esa tarea (lo cual sucede mediante el pensamiento positivo y visualizando positivamente el objetivo como cumplido), seguramente encontrarás el camino necesario para llegar allí y lograrás esa tarea incluso antes de tu fecha límite establecida.

Así que la visualización positiva te ayuda a definir el objetivo para que puedas lanzar tu misil de trabajo duro habilitado para el reconocimiento automático de objetivos. Independientemente de lo curvo que sea el camino, tu misil de trabajo duro alcanzará el objetivo.

Establece un objetivo o meta para tu vida. El éxito se basa en un propósito. Por lo tanto, para ser una persona exitosa, necesitas tener intenciones precisas. Dado que todos tenemos diferentes deseos y pasiones, debes descubrir cuáles son los tuyos y discernir las cosas que te hacen feliz y usarlas como fuente de motivación.

Una vez que determines esto, puedes construir el propósito de tu vida en torno a ello. Incluso puedes intentar convertir en carrera algo que realmente amas. Más éxito está garantizado si estás haciendo algo que realmente te apasiona. Además, tus metas y objetivos deben ser realistas y alcanzables.

Visualízate como una persona exitosa. Imaginar tu éxito con precisión puede allanar el camino para una implementación más fácil y efectiva. A largo plazo, estarás convencido de tu capacidad para cumplir tus objetivos, lo que a su vez te brindará más motivación y te ayudará a construir la autoconfianza. Al igual que los ingenieros visualizan primero el edificio antes de construirlo, debes poder imaginar cómo se verá tu éxito vívidamente.

Sin embargo, asegúrate de que tu inspiración sea saludable y positiva. No sucumbas al narcisismo y pierdas tu camino en el proceso. Recuerda que hay otros como tú que quieren tener éxito y la competencia es inevitable.

Descubre qué significa el éxito para ti. La definición convencional del éxito se explicó en el primer capítulo. Pero, como se mencionó anteriormente, cada persona tiene su propia definición de éxito. Obviamente, si aspiras a prosperar, debes poder establecer tus propios objetivos y estándares de éxito y no emular los puntos de referencia de otras personas.

Pero lo más importante es que estos estándares deben ser medibles; de lo contrario, puedes pasar el resto de tu vida tratando de alcanzar un objetivo indefinido. Por ejemplo, si tu objetivo es destacar en tu trabajo, puedes esforzarte por obtener un aumento o incluso un ascenso. Sin embargo, aún no has cumplido tu objetivo porque existe la posibilidad de que puedas ser aún mejor de lo que ya eres. Se convertirá en un ciclo interminable y lo que has logrado hasta ahora nunca será suficiente. Entonces, en lugar de establecer un objetivo expansivo, crea un objetivo específico y cuantificable para lograr.

Determina qué habilidades y materiales son necesarios para que puedas alcanzar tus objetivos. Una vez que hayas establecido tus objetivos, debes averiguar qué se necesita para alcanzarlos.

Sabe cuándo reducir tu autoconfianza. El axioma cuando se trata de negocios y carrera es que la alta confianza en uno mismo es necesaria para lograr las cosas. Aunque esto es cierto en su mayor parte, a veces también se necesita menos autoconfianza para tener éxito. En primer lugar, te hace más receptivo a la evaluación y la retroalimentación y te permite ser más crítico contigo mismo y con tu capacidad. Ser demasiado seguro de ti mismo te hará despreciar las opiniones y críticas de otras personas.

Para ser una persona exitosa, debes ser capaz de evaluarte a ti mismo y tus habilidades de manera efectiva. Por ejemplo, si tienes una presentación importante al día siguiente, no dejas de buscar posibles errores y ensayas lo que vas a decir una y otra vez hasta que lo hagas perfectamente.

Por último, ser menos egocéntrico te llevará a tener mejores relaciones. El respeto engendra respeto, y si quieres trabajar con otras personas de manera fluida y eficiente, debes saber cómo hacer que sea menos acerca de ti y más acerca del equipo en su conjunto.

Reconoce qué habilidades necesitas perfeccionar y cuáles puedes externalizar. Ciertas habilidades se pueden adquirir de forma natural o después de un aprendizaje y práctica continuos. Incluso si crees que eres capaz de realizar varias tareas a la vez, esto simplemente no es práctico porque lleva mucho tiempo y puede provocar que te quemes.

Si tienes más de una tarea en marcha, la mejor solución sería externalizar. Saber cómo externalizar tareas menos importantes es conveniente porque te ayuda a realizar más trabajo en el menor tiempo posible. Además, te brinda la oportunidad de concentrarte en cosas más indispensables para tu oficio. Utilizando el ejemplo anterior de comenzar un negocio, puedes externalizar tareas relacionadas con la informática a expertos en tecnología de la información para que te ayuden a empezar.

Crea un cronograma para cuándo quieres alcanzar tu(s) objetivo(s). Si no fijas una fecha límite específica para alcanzar tu objetivo, no sabrás si has tenido éxito o fracasado. Al planificar un cronograma, ten en cuenta que debe ser exigente pero realista y factible al mismo tiempo.

Mantente curioso acerca de la vida. Las personas más exitosas tienen una sed insaciable de curiosidad. Cuando tienen preguntas sin respuesta o no saben cómo funcionan ciertas cosas, no se conforman con dejarlo pasar. En cambio, encuentran la manera de averiguar lo que no saben. Con frecuencia, estas indagaciones los llevan a una búsqueda de autodescubrimiento, en la que tanto el viaje como el destino son igualmente importantes.

Estudio de caso

Elon Musk ha demostrado ser un visionario y un líder efectivo, y esto es evidente en las muchas entrevistas y citas atribuidas a él, así como en anécdotas de las personas a su alrededor que lo conocen a nivel personal. También es bastante evidente que está utilizando su influencia de la mejor manera posible para inspirar a los demás a su alrededor a aspirar a la excelencia y a alcanzar algo mejor.

La visión abarca tus objetivos generales o ambiciones en la vida, refiriéndose tanto a aspiraciones generales como a objetivos más específicos. Tener una visión en la vida te dota de la motivación para seguir adelante sin importar los obstáculos que puedan surgir. La visión también te mantiene en el camino, reduciendo las distracciones de las tareas y responsabilidades en curso, especialmente cuando hay distracciones que acechan en el camino y pueden desviarte de tus aspiraciones en la vida.

Pilar Número Cinco: Pasión Ardiente

La pasión te permite ser más de lo que crees que puedes ser. También es lo que te mantiene cuando aún no ves resultados o estás pasando por momentos difíciles. La mayoría de las personas no pueden hacer esto porque no saben exactamente lo que quieren y cuál es su pasión. Y si no estás seguro de lo que quieres, es probable que te desvíes y no logres mucho.

Esto es comprensible, especialmente cuando consideras que estamos viviendo en un momento de la historia en el que la vida es increíblemente agitada. Al final del día, puedes estar exhausto, y lo último que deseas hacer es planificar las metas de tu vida. Luego, para cuando llega el fin de semana, es posible que estés tan agotado que pensar en los sueños más grandes de tu vida esté muy lejos de tu mente. La vida puede ser dura, y cuando has tenido muchas decepciones en el camino, puede ser difícil creer que realmente puedes lograr todos esos sueños que tenías de niño.

Lo grandioso, sin embargo, es que es muy fácil descubrir lo que quieres lograr en tu vida, incluso si ahora mismo no estás seguro de lo que quieres. Cuando sabes lo que quieres de la vida, es mucho más probable que lo logres. Muchas personas saben exactamente lo que quieren y alcanzan sus metas como resultado. En un momento, compartiré contigo una técnica simple que te ayudará a descubrir rápidamente las metas que serán más significativas para ti.

Decepciones y Contratiempos

Es bastante triste que para cuando muchas personas llegan a sus finales veinte, han tenido tantas decepciones y contratiempos que literalmente cierran su propia capacidad de soñar en grande. Puede haber una gran diferencia entre alguien que tiene 15 años y alguien que tiene 30. A menudo, cuando todavía somos jóvenes, la vida puede parecer llena de posibilidades asombrosas, y podemos estar emocionados por el futuro.

Sin embargo, 15 años después, podemos haber recibido muchos golpes por las duras realidades de la vida. Carreras que salieron mal, relaciones que no resultaron como esperábamos, enfermedades y todo tipo de otras decepciones. Todo esto es parte de crecer y aprender que la vida no siempre es un lecho de rosas.

Nuestros desafíos pueden permitirnos convertirnos en individuos más sabios, fuertes y capaces, o pueden hacer que nos sintamos decepcionados, desempoderados y desilusionados por la vida. ¿Alguna vez te has sentido así?

Imagino que probablemente sí, ya que la mayoría de las personas lo hacen en algún momento de sus vidas. De hecho, mi experiencia personal es que la mayoría de las personas que he conocido a lo largo de los años se sienten desempoderadas y desilusionadas por la vida en gran medida.

Son estas decepciones las que nos condicionan a esperar aún más desafíos en el futuro. Y tristemente, a menudo experimentamos lo que creemos que puede suceder. En el séptimo paso, aprenderás poderosas formas nuevas de superar tus creencias limitantes, para que puedas comenzar a soñar en grande nuevamente y hacer planes emocionantes para tu futuro. Por el momento, veamos dónde te encuentras ahora. Si sabes exactamente lo que quieres lograr, te felicito porque eres uno de los muy pocos que sabe lo que desea.

Por otro lado, si eres como la mayoría de las personas, es posible que no sepas exactamente lo que quieres; probablemente no estás consciente conscientemente de todas las metas más grandes de tu vida. Sin embargo, me complace decirte que puedes solucionarlo, y es tan simple que incluso te preguntarás cómo no se te ocurrió antes. Realiza este ejercicio y descubre lo que quieres de la vida:

Paso 1: Si quieres descubrir qué es lo que realmente quieres de la vida, todo lo que necesitas hacer es mirar tu vida en este momento y anotar todas las cosas en tu vida que te causan **sufrimiento**. Todas las cosas que te generan dolor en algún nivel.

Podrían incluir cosas como tus relaciones, tu carrera, tus ingresos y finanzas, tu salud, tu familia, tus habilidades actuales, tu peso, tus emociones, tu nivel de felicidad y una amplia gama de otros problemas. Como seres humanos, todos somos muy similares, y por lo tanto, estoy bastante seguro de que hay muchas cosas en tu vida en este momento con las que no estás particularmente feliz, cosas que realmente deseas cambiar.

Paso 2: El siguiente paso es convertir esos problemas en metas concretas. Todo lo que necesitas hacer es **convertir cada uno en su opuesto completo**. Por ejemplo, si siempre pareces experimentar relaciones infelices, entonces puedes crear una meta de comenzar a tener relaciones profundas, satisfactorias y duraderas a partir de ahora. Por otro lado, si encuentras tu carrera poco satisfactoria y anhelas un cambio, entonces es fácil crear una nueva y poderosa meta de que en, digamos, seis meses, estarás trabajando en un trabajo que te resultará emocionante y profundamente satisfactorio.

Del mismo modo, si siempre estás "quebrado" al final de cada mes o si no estás saludable o insatisfecho con cualquier área de tu vida, puedes crear fácilmente metas para lograr lo opuesto de lo que estás experimentando actualmente. Simplemente por la simple razón de que estás sufriendo actualmente en cada una de estas áreas de la vida, puedes transformarlas en metas que son muy poderosas, metas que te motivarán a crear el cambio que deseas ver.

Es realmente bastante simple, ¿verdad? Absolutamente cualquier cosa que te haya estado causando sufrimiento, especialmente si ha estado sucediendo durante mucho tiempo, se puede convertir en su opuesto para crear una nueva meta poderosa.

Aquí tienes un ejercicio para aclarar:

En este punto, es posible que creas que es imposible cambiar, especialmente si el problema ha estado sucediendo durante mucho tiempo, o que puede ser demasiado difícil transformarlo. Dado que nunca ha cambiado antes, ¿por qué considerarías que cambiará en el futuro? Es casi natural ser pesimista, especialmente cuando parece que tienes toda la evidencia para validar que es imposible cambiar.

Como dijo Henry Ford, creador de los primeros automóviles: "Ya sea que pienses que puedes o que no puedes, tienes razón". Me encanta esta frase porque es muy cierta. Muchas personas se frenan enormemente debido a lo que creen. Sin embargo, en el paso siete descubrirás algunas herramientas y técnicas muy poderosas que puedes usar para superar este condicionamiento, y este condicionamiento definitivamente te está frenando en este momento.

Aprenderás formas de abrir nuevamente tu creencia en la posibilidad de un futuro grandioso. Trabajaremos juntos para devolverte al punto en el que estabas en la infancia, donde realmente creías que todo era posible, donde estabas emocionado por el futuro y donde apenas podías esperar para comenzar.

Permíteme asegurarte que puedes lograr virtualmente cualquier cosa que desees en tu vida, siempre y cuando establezcas metas claras, tomes las acciones correctas y comiences a usar las estrategias y herramientas que descubrirás a partir del próximo capítulo.

Querer y Necesitar

En el clásico libro "Piense y hágase rico" de Napoleon Hill, explica la importancia de generar un deseo ardiente para alcanzar tus metas. Esto se debe a que el deseo es una poderosa fuerza impulsora para el cambio.

Todos tenemos deseos, y pueden ser altamente motivadores, pero los deseos también pueden salirse completamente de control y literalmente llevarnos de maneras perjudiciales. Un deseo profundo de ayudar a otras personas puede cambiar literalmente el mundo. Por otro lado, el deseo constante de más y más dinero y posesiones materiales puede ser muy destructivo y completamente insatisfactorio.

El deseo puede ser una fuerza creativa muy poderosa, y sin él, no podríamos vivir. Es el deseo lo que te hace levantarte de la cama por la mañana, comer, dormir y trabajar para pagar todo lo que consumes, y cuidar de tus seres queridos. Incluso tu capacidad para ver una película, leer, relajarte o escuchar música es fruto de tu deseo.

Tu vida entera es la expresión y el reflejo de tus deseos. El deseo en sí mismo no es ni positivo ni negativo. Depende completamente de ti si se convierte en algo creativo o destructivo.

Para evitar que se vuelva destructivo, necesitas entender la diferencia entre lo que queremos y lo que necesitamos para nuestra felicidad y bienestar. Debes darte cuenta de que las necesidades son completamente diferentes de los deseos. Hay todo tipo de cosas que realmente necesitamos en nuestra vida. Necesitamos alimentos, ropa, refugio, relaciones satisfactorias, seguridad, nuevas experiencias emocionantes y una variedad de otras cosas.

Una necesidad es algo que debemos tener para vivir de una manera que nos permita enriquecer realmente nuestras vidas y que también pueda posiblemente contribuir a la felicidad de otras personas. Es algo que no es necesariamente emocional, pero que respalda nuestra vida a un nivel muy profundo.

Los deseos son cosas que realmente no necesitas, cosas sin las que podrías sobrevivir o que no te hacen realmente feliz. Por ejemplo, puedes desear una casa grande, autos caros y una vida de abundancia y tiempo libre ilimitado. Sin embargo, ¿realmente necesitas estas cosas para ser realmente feliz? Si logras metas como estas, no hay garantía de que las encuentres verdaderamente satisfactorias.

Por ejemplo, puedes desear trabajar mucho menos y ganar el doble de dinero. Puedes tener este deseo para liberar tu tiempo y tener el dinero para viajar por el mundo y experimentar cosas nuevas. Este es un deseo realmente genial y uno que definitivamente puede contribuir a tu crecimiento a largo plazo, felicidad y realización. Por otro lado, puedes tener exactamente el mismo deseo porque odias tu trabajo, o simplemente porque eres perezoso y prefieres hacer lo menos posible.

Descubrí esto yo mismo hace mucho tiempo cuando comencé a saborear los beneficios materiales del éxito. Comencé a gastar mucho dinero en autos de gama alta y todo tipo de "juguetes" divertidos. Al principio, me hicieron sentir exitoso, pero bastante rápido me di cuenta de que en realidad no necesitaba esas cosas para sentirme exitoso por dentro. Descubrí que la emoción de tener esas cosas no duraba mucho. De hecho, descubrí que no contribuían mucho a mi vida o a mi felicidad de ninguna manera significativa.

Puedes sentirte rico y exitoso en este momento sin tener ningún objeto para demostrarte a ti mismo que eres rico y exitoso. Ahora, por favor, no me malinterpretes; no estoy diciendo que debes fingir ser rico y exitoso cuando tal vez no lo seas en este momento. Definitivamente no estoy diciendo "finge hasta que lo logres", ya que eso podría hacerte quebrar bastante rápido.

Lo que estoy diciendo aquí es que es importante comenzar a trabajar en superar la baja autoestima y mejorar gradualmente tu autovalía. Lo sorprendente es que cuando haces esto, tu entorno comenzará a reflejar ese cambio interno y te encontrarás con oportunidades externas que te permitirán mejorar tus finanzas y aumentar tus beneficios materiales.

Entonces, cada vez que creas una meta realmente grande para tu vida, es importante descubrir tu Gran Razón, la verdadera razón subyacente por la cual quieres alcanzar esa meta, y ser profundamente honesto contigo mismo. Cuando descubres tu Gran Razón, tendrás una fuerza motivadora increíblemente poderosa que puede impulsar tu vida exactamente en la dirección que tanto deseas como necesitas.

Cuando deseas algo, es importante preguntarte si realmente necesitas esa cosa o simplemente la deseas. Trata de averiguar si estás evitando algún tipo de cambio interno o falta de autoestima. Debes preguntarte: ¿lo necesitas para lograr algo realmente valioso y algo que también pueda contribuir a la felicidad de los demás?

Siempre es realmente útil mirar tus deseos de esta manera, especialmente si estás creando metas realmente grandes para tu vida. Entonces, cuando pienses que quieres algo o cuando establezcas tus metas, recuerda preguntarte si realmente lo necesitas o simplemente lo quieres para evitar algo más.

Realiza este Ejercicio: Cómo Descubrir tu Gran Razón

Si deseas saber si solo quieres algo o si realmente lo necesitas para lograr el plan general de tu vida, este es un ejercicio que puede ser muy revelador.

Escribe cada una de tus metas y agrega las palabras "para que" después de cada una. Luego, completa la oración con la razón después de las palabras "para que", y esto te llevará aún más profundo. Sigue profundizando agregando más "para que" hasta que descubras tu única razón motivadora para tu meta.

Ejemplo de meta: Trabajar la mitad del tiempo por el doble de ingresos...

- Para que: Tenga más tiempo libre y pueda hacer lo que quiera.
- Para que: Pueda aprender cosas nuevas y experimentar más de la vida.
- Para que: Pueda descubrir qué es lo que más me gusta hacer.
- Para que: Pueda pasar más tiempo haciendo cosas que amo.
- Para que: Pueda experimentar más emoción y pasión la mayor parte del tiempo.
- Para que: Pueda vivir mi vida al máximo.
- Para que: Pueda ser profundamente feliz y realmente realizado.
- Para que: Pueda ser una influencia positiva en los demás.
- Para que: Ellos también puedan alcanzar sus metas y ser felices.

Aquí tienes un ejercicio para aclarar:

Cuando profundizas en cada una de tus metas de esta manera y llegas al Gran Porqué, te llenarás de un sentido más profundo de propósito, conexión, energía y pasión. Buscamos estos sentimientos, porque te ayudarán enormemente a transformar tus metas en realidad, de la manera más rápida posible. ¡Una meta alimentada con un deseo ardiente o una poderosa fuerza motivadora detrás de ella es verdaderamente imparable!

Por otro lado, después de hacer este ejercicio, podrías descubrir que algunas de tus metas realmente no tienen un Gran Porqué en absoluto, y no son tan significativas como inicialmente creías. Puedes descubrir que estas metas simplemente te ayudan a evitar algo que realmente no quieres enfrentar.

Asegúrate de hacer este ejercicio completamente, porque puede ayudarte a evitar perder mucho tiempo y energía en metas que no son tan importantes como inicialmente creías. También puede permitirte inyectar mucha pasión y energía en metas que descubres que realmente valen la pena, y esto acelerará enormemente tu capacidad para alcanzarlas.

¿Cuál es tu Pasión?

Saber exactamente lo que quieres es importante: Cuando sabes lo que quieres, es mucho más probable que lo logres. Has sido condicionado: Tus desilusiones y contratiempos te han condicionado a esperar una vida mediocre. Lo que esperas limita lo que puedes lograr.

Descubrir lo que quieres es fácil: Escribe una lista de todas las insatisfacciones y frustraciones en tu vida. Convertirlas en sus opuestos puede crear metas poderosas.

Deseos y necesidades: Puedes querer algo porque te permite evitar algo que no deseas enfrentar, mientras que una necesidad es algo que realmente puede mejorar tu vida.

Tú Gran Porqué: Al usar la técnica del Gran Porqué, puedes profundizar para descubrir la motivación subyacente única detrás de cada una de tus metas.

Estudio de Caso:

El fundador de Apple, Steve Jobs. ¿Sabías que fue expulsado de su propia empresa por la junta directiva debido a sus propias visiones personales y cómo dirigía la compañía? Claramente suena desalentador y cruel, pero no para Steve Jobs. Jobs creía en su visión y sabía que iba a seguir creyendo y actuando hacia lo que le gustaba hacer.

Después de ser expulsado, terminó comenzando una nueva empresa informática, NeXT, que desarrolló un sistema operativo de próxima generación, se convirtió en el CEO de Pixar, que transformó un pequeño estudio de animación en una organización global de animación con enorme fama y finalmente recuperó el control de Apple. Las personas que creen en sí mismas y en su visión no se preocupan por ser derribadas o fallar.

Saben que pueden levantarse desde cero nuevamente debido a su dominio del proceso de logro. Aprovechó su fracaso de ser expulsado de su propia empresa de manera positiva, lo que le ayudó a ganar más experiencia en otras empresas. Hizo de Apple una de las mejores empresas de todos los tiempos y su propia historia de autoconfianza es historia

Pilar Número Seis: Pensamiento Crítico

¿Alguna vez has pensado que el pensamiento crítico podría ayudarte a ser objetivo? En realidad, sí puede. Para apreciar esto, ten en cuenta que cuando estás involucrado en el pensamiento crítico, no vas a responder instantáneamente. En lugar de eso, cuando escuchas algo, ya sea una pregunta o una afirmación, te aseguras de haberlo entendido correctamente.

Luego procederás a evaluar lo que podría significar en el contexto en que se dijo. Solo entonces estarás listo para tomar una decisión dependiendo de si es algo en lo que puedes creer o relacionarte o no. Lo que eventualmente verás es que después de evaluar todas las secciones diferentes de lo que has escuchado y has tenido la oportunidad de consolidar los diferentes significados, la conclusión a la que llegas es normalmente razonable y objetiva.

Cómo Estructurar Tu Proceso de Pensamiento Crítico

- Selecciona las ideas distintas en el material que estás tratando de evaluar.

- Verifica cómo esas ideas se relacionan entre sí o cómo contrastan entre sí.

- Evalúa la relevancia de cada idea y también su importancia.

- Identifica los distintos argumentos en el material que tienes y procede a evaluar cuánto peso lleva cada uno.

- Ahora crea argumentos que muestren hasta qué punto estás de acuerdo con argumentos específicos presentados y también observa hasta qué punto difieres con alguna de las ideas o argumentos.

- Toma nota de cualquier inconsistencia que encuentres dentro de los argumentos presentados. Si encuentras errores evidentes, extráelos para que se vean como tales.

- Sugiere una solución para cualquier deficiencia que identifiques.

- Invoca tus valores personales durante tu análisis, para que se reflejen mientras diseñas tus argumentos para contrarrestar aquellos con los que difieres.

Después de hablar de ideas distintas y evaluar su veracidad, ¿puedes ver ahora que no hay forma de discutir desde la ignorancia? Para pasar la prueba del pensamiento crítico, tus argumentos deben ser notablemente diferentes de lo que se pasa a lo largo de una cadena de chismes. Los tuyos deben, necesariamente, estar respaldados por hechos de principio a fin.

Otra cosa que debes tener en cuenta al considerar el pensamiento crítico es que tener conocimiento no es suficiente. Debes ser capaz de poner los eventos que conoces y otros hechos que conoces en un arreglo lógico, y debes tener muy claro en qué punto estás colocando cada cosa y por qué.

El punto aquí es que, en tu pensamiento crítico, necesitas tener la competencia para analizar datos y problemas reales de una manera que tenga sentido con la información que tienes. Una vez que puedas colocar lo que sabes en la perspectiva correcta, el conocimiento que tienes puede servir a una causa más superior.

¿Por qué el Pensamiento Crítico es Importante?

Como acabas de ver, tu pensamiento crítico te ayuda a contribuir a una causa superior utilizando el conocimiento que tienes. Ahora puedes ver los puntos que siguen para ver cómo ayuda este proceso.

- Te das cuenta de cualquier argumento que no tiene base.
- Notas cualquier falacia contenida en la información.
- Introduces argumentos objetivos.
- Fortaleces cualquier argumento objetivo ya presentado con hechos adicionales.

- Tienes la oportunidad de fortalecer los buenos argumentos con argumentos lógicos.

- Contribuyes positivamente a las tareas que consideras constructivas.

- Tienes la oportunidad de mejorar las teorías existentes.

- Tienes la oportunidad de mejorar la forma en que funcionan las instituciones y realzar sus puntos fuertes.

En esencia, por lo tanto, cada vez que se necesita tu conocimiento y es importante que se analice y evalúe con objetividad, el pensamiento crítico es útil.

¿El Pensamiento Crítico Impide la Creatividad?

No, no lo hace. Por el contrario, muchos pensadores críticos son expertos en pensar más allá de lo normal, más allá de la superficie, más allá del alcance que las personas comunes pueden pensar o, esencialmente, pensar fuera de la caja. Es decir, sin discusión, ser creativos, innovadores y probablemente incluso aventureros con tu imaginación. En resumen, el hecho de que te pidan que uses la lógica al pensar críticamente no te descalifica para ser creativo. Lo que no puedes permitirte, incluso con tu imaginación trabajando libremente, es ser imprudente. En cambio, evalúas puntos y, si no tienen sentido en las circunstancias, los dejas ir.

Frutos del Pensamiento Crítico: Agilizando el Pensamiento

Al agilizar lo que se quiere decir, se le da dirección a tu pensamiento. Apreciarás lo importante que es esto cuando consideres que, muy probablemente, no tienes el monopolio de cierta información en la que estás basando tus argumentos. Como tal, son tus valores y tu nivel de competencia como pensador crítico lo que determina el tipo de argumento que presentas y cuán útil será ese argumento para todos los involucrados.

¿O piensas que los expertos legales pierden casos porque tienen información insuficiente? En su mayor parte, este no es el caso. A menudo, una parte es mejor en el pensamiento crítico que la otra, o los valores personales de una parte están en desacuerdo con los del jurado, y así las dos partes no pueden ponerse de acuerdo: misma información, mismas leyes, pero argumentos diferentes y deducciones variadas.

La misma lógica está en juego en otros campos como los negocios, la formulación de políticas, y así sucesivamente. Cuando se deben tomar decisiones importantes, se realiza una investigación para recopilar datos e información. Se analiza dentro del perímetro del pensamiento crítico y luego se toman decisiones finales.

Ayudar a Mejorar la Economía Global

Cuando estás tratando con fuerzas de mercado hoy y recursos disponibles, y también las ubicaciones donde se encuentran esos recursos, necesitas tener los datos disponibles que estén bien analizados para formar información útil. El pensamiento crítico es central en este proceso, de lo contrario, algunos recursos estarían subutilizados, otros sobresolicitados y otros mal utilizados.

Con el pensamiento crítico, por ejemplo, puedes determinar si es viable construir una fábrica en un lugar u otro, y si es económico utilizar métodos de producción intensivos en mano de obra en lugar de procesos mecánicos.

Consideraciones tan básicas pueden llevarte a establecer una industria en el País A en lugar del País B, e incluso exportar productos al País B en lugar de otro país. Ten en cuenta que el pensamiento crítico presupone que estás listo con suficiente información para ayudarte a tomar decisiones, o que vas a hacer la investigación necesaria al respecto y saber qué criterios necesitas explorar.

¿Has notado la implicación aquí de que no usas datos crudos para tomar decisiones? Esto no puede suceder donde se involucra el pensamiento crítico. De hecho, sería arriesgado en los negocios, en la política e incluso en tu vida personal, pretender usar información en su forma cruda.

Por esa razón, es importante que en proyectos importantes tengas un equipo de personas que analicen la información disponible y lo hagan en un contexto apropiado, para que la información se utilice correctamente. ¿Por qué más piensas que las instituciones que piensan a lo grande forman grupos de expertos?

Algo más que vale la pena señalar es que el pensamiento crítico te exige no solo estar equipado con información adecuada, sino también ser más amplio en tu pensamiento. Este es el período de la tecnología, ¿recuerdas? Y puedes aprovechar grandes oportunidades a nivel mundial si haces tú pensamiento crítico correctamente, sea cual sea tu especialidad.

Poder buscar y comunicarte globalmente te ayuda con tu sincronización; ya sea que estés buscando oportunidades de exportación, precios de importación favorables, reglas de inmigración más adecuadas o cualquier otra cosa. Y todos estos procesos son parte del proceso de pensamiento crítico.

Ayudando a Mejorar la Eficiencia en la Comunicación

En el pensamiento crítico, logras organizar datos de una manera que brinda una imagen sensata de algo o de una situación, una que te ayuda a formar una opinión, e incluso a tomar una decisión basada en esa imagen. En el pensamiento crítico, también logras analizar y evaluar datos, con el objetivo de formar una opinión bien pensada sobre la situación. En resumen, solo puedes presentar una idea con argumentos válidos cuando has estado involucrado en el pensamiento crítico.

Potenciando la Creatividad

¿Alguna vez has imaginado que la creatividad comienza y termina con organizar colores y patrones para formar una imagen cautivadora? Bueno, no lo hace. Se extiende mucho más allá de eso, incluyendo la capacidad de organizar ideas de diferentes maneras y luego evaluar lo que refleja cada conjunto de ideas.

Puedes usar alguna analogía burda para llevar este punto a casa, de la idea de comer y la idea de vivir. Dependiendo de cómo organices esas dos ideas, podrías estar viviendo para comer o comiendo para vivir. ¿Te das cuenta de lo diferente que ajustarías tu vida en cada caso?

El punto básico aquí es que el pensamiento crítico te llevará a desenterrar más ideas, descartar algunas ideas y también adoptar otras. Todo este pensamiento y ponderación de ideas termina agudizando tu creatividad de manera significativa.

Promoviendo la Auto-Reflexión

Al participar en el pensamiento crítico, evalúas cada movimiento que quieres hacer de antemano y pesas sus pros y sus contras. Y como estás decidido a tener una vida fructífera, consideras la opción que tienes en todas las esferas de tu vida. Solo después de una evaluación integral y razonable eliges la ruta a seguir. Por supuesto, tus valores entran en juego todo el tiempo. Entonces, inevitablemente, la auto-reflexión no se puede omitir cada vez que te involucras en el pensamiento crítico.

Proporcionando una Base Sólida para Cualquier Hallazgo

Aquí, hablamos de un campo que trata con hechos y datos precisos, y no con suposiciones y generalizaciones. Como tal, el pensamiento crítico es inevitable si quieres avanzar en la ciencia. Los científicos son conocidos por desarrollar teorías después de un pensamiento crítico serio, y las teorías y principios que desarrollan terminan resistiendo la prueba del tiempo. Piensa en la Ley de Flotación, la Ley de Reflexión, la Teoría del Oxígeno de la Combustión y otras teorías similares.

Abriendo Caminos para la Democracia

Bueno, sin meter política en el asunto del pensamiento crítico, apreciarás que poder tomar decisiones informadas por voluntad propia es parte de la democracia. De hecho, ¿cómo se puede afirmar que hay democracia en acción, por ejemplo, si la información no se difunde de manera correcta, completa y oportuna a quienes participan en la votación? ¿Cómo, además, puede alguien concluir que hay democracia en acción si el entorno no es propicio para cuestionar los datos proporcionados o incluso para verificar la veracidad de la información dada? En resumen, cada vez que se activa el pensamiento crítico, se crea un espacio democrático y las personas involucradas están contentas de tomar decisiones informadas.

Es un proceso que ayuda a sacar a relucir a los políticos oportunistas y brinda oportunidades a los políticos visionarios, aquellos dispuestos a servir sinceramente a sus votantes. También es un proceso de pensamiento crítico que disipa los temores infundados de las personas, algunos de los cuales pueden surgir de prejuicios y sesgos generales.

Estudio de Caso:

Warren Buffet siempre simplifica los detalles técnicos para que sea más fácil para todos sus accionistas entender el negocio en el que han invertido. Esto es una clara señal de que realmente comprende sus propios negocios. Cree en comunicarse bien con cada persona que es importante para su negocio.

Pilar Número Siete: Haz Lo Que Sea Necesario

Hay muchas excusas que la gente da por llegar tarde, es uno de los chistes clásicos que a los comediantes les gusta contar. Lo que quizás no te des cuenta es que cada vez que llegas tarde y das alguna excusa, a otras personas les molesta. Siempre que llegas tarde, en lo más profundo, la mayoría de la gente piensa que debes sentir que tu tiempo es más valioso que el de ellos y que tus planes son más importantes.

Es fácil ver cómo esto puede arruinar cualquier posibilidad que podrías haber tenido de construir una relación exitosa a nivel personal o profesional con esa persona o grupo. Llegar tarde es una de las razones más comunes por las que las personas sienten que alguien no merece su confianza o respeto.

Aunque puedas creer que llegar tarde es simplemente parte de quién eres y que no puedes evitarlo, no se puede negar que llegar tarde es una elección. Te permites llegar tarde. Las personas más exitosas en todas las áreas de la vida valoran el tiempo y la puntualidad por encima de todo. Comienzan temprano, planean y siempre planean llegar con tiempo de sobra.

Muchas personas exitosas sienten que preferirían llegar diez minutos antes que cinco minutos tarde. Llegan temprano y hacen planes para hacer cosas mientras esperan si llegan antes. Las personas exitosas que valoran la puntualidad están mucho menos estresadas y tienden a ser más perspicaces, creativas, decididas e involucradas. El éxito debe comenzar de nuevo cada día, ¡y asegurarte de que la puntualidad siga siendo un enfoque clave es una excelente manera de lograrlo!

La mayoría de los empresarios exitosos son tomadores de riesgos tanto en la vida como en los negocios. Entienden que, para tener éxito, deben tomar medidas que puedan alterar potencialmente sus vidas para cosechar grandes recompensas. Pero no pienses que son lo suficientemente insensatos como para apostarlo todo tomando riesgos peligrosos. Lo que hacen es tomar riesgos calculados y planificados que no pondrán en peligro su negocio y podrían ayudarles a ganar mucho dinero en el proceso.

A veces, un mal riesgo resulta de la falta de reflexión y acciones impulsivas. Estas generalmente terminan haciendo que pierdas más dinero en lugar de lo contrario. Un ejemplo de un mal riesgo es hacer algo ilegal solo para ahorrar más dinero o tomar atajos que podrían poner en peligro la vida de otras personas solo para obtener más ganancias.

Los riesgos calculados y planificados, por otro lado, son riesgos que requieren un análisis y planificación cuidadosos. Cuando tomas riesgos calculados, normalmente necesitas información de fondo, datos históricos y análisis estadísticos antes de dar tu próximo paso. Este tipo de información te dará una visión de los patrones de compra de las personas, las posibles ganancias y pérdidas, y las proyecciones de ganancias para ayudarte a tomar tu decisión.

Cuando tomas un riesgo calculado, recuerda encontrar un equilibrio entre el trabajo diario y el riesgo que estás tomando. No pongas todos tus huevos en una canasta. En este caso, no pongas todo tu dinero en perseguir una empresa arriesgada. En su lugar, mantén las partes de tu negocio que están generando ganancias mientras tomas ese riesgo calculado para avanzar en tu empresa.

No vayas por cada oportunidad que se te presente. Estúdialas cuidadosamente antes de tomar una decisión. No querrás endeudarte demasiado porque intentaste aprovechar todas las oportunidades al mismo tiempo. Evalúa cuáles valen la pena hacer ahora y cuáles se pueden hacer más adelante.

Una de las partes más arriesgadas de hacer negocios es expandir las operaciones. Hay tantos factores que pueden afectar la expansión que las empresas a veces dudan en hacerlo. Uno de esos factores podría ser que el aumento de la demanda de tu producto puede disminuir rápidamente antes de que tengas la oportunidad de completar la expansión.

Es arriesgado porque es posible que no puedas mantener los costos que puedes incurrir al mantener esta expansión y terminar perdiendo más. Para hacer un riesgo calculado con respecto a la expansión, las empresas estudiarían, realizarían encuestas a los clientes y se basarían en datos estadísticos para respaldar la necesidad de una expansión.

Otra empresa arriesgada es desarrollar un nuevo producto. Para hacer crecer tu empresa, debes estar dispuesto a adaptarte al mundo cambiante. A veces se necesita un nuevo producto para aumentar las ventas y el interés en tu empresa. Es arriesgado porque un nuevo producto podría no ser tan bien recibido como tus otros productos. Si esto sucede, habrás gastado mucho tiempo, dinero y esfuerzo en algo que la gente no captó.

Pero aún lo haces porque como empresario, esta es una de las mejores formas de avanzar en tu empresa. Para hacer un riesgo calculado de crear un nuevo producto, debes realizar investigaciones de mercado y estar preparado para recibir comentarios tanto positivos como negativos. Los comentarios positivos te indicarán qué estás haciendo bien y los comentarios negativos te ayudarán a corregir lo que hiciste mal. De cualquier manera, obtienes información valiosa.

Algunas personas te desanimarán a tomar ese riesgo. Algunas de ellas tienen buenas intenciones y simplemente tienen miedo de que puedas fracasar. Otros son manipuladores porque quieren la oportunidad para ellos mismos. Cuando te enfrentes a consejos de otras personas, intenta escuchar lo que te dice tu instinto. Tu intuición te advertirá si hay peligro, así que siempre debes escucharla. Medita y mantén silencio mientras escuchas lo que tú yo interior te está diciendo antes de tomar tu decisión. A veces, el mejor consejo proviene de dentro de ti.

Los riesgos siempre serán parte de la vida. Para obtener grandes ganancias, debes estar dispuesto a tomar riesgos calculados y planificados. No tengas miedo de dar un salto, pero asegúrate de tener los datos, los recursos y la fuerza para enfrentar lo que viene. Puede que no siempre obtengas lo que planeaste, pero nunca sabrás lo que es el éxito si ni siquiera lo intentaste. Toma un riesgo, pero sé inteligente al respecto. Decide basándote en datos de apoyos válidos y no solo por impulso.

Confía en tu instinto, confía en tu equipo y confía en ti mismo para tomar la decisión correcta hacia tu éxito.

Estudio de caso:

Jack creía firmemente que Internet es el futuro. Pero la realidad no era tan simple. Entre sus amigos, no había nadie que siquiera hubiera oído hablar de Internet, así que les resultaba muy difícil unirse a su nueva empresa. Incluso entender Internet era algo imposible. Pero Jack tenía algo que los demás no tenían. Bromea acerca de su deseo de enseñar en Harvard porque su solicitud fue rechazada diez veces.

Fue la misma historia para sus primeros años de trabajo, ¡ya que fue rechazado en 30 trabajos! Una famosa anécdota cuenta cómo fue el único de 24 solicitantes a gerente en KFC en China y el único de 5 oficiales de policía que fue rechazado. Incluso le dijeron: "No sirves".

Jack no cambió su creencia de que Internet llegaría pronto a China. El 9 de mayo de 1995, Jack y JangIng, su esposa y amigos, reunieron 10 mil yuanes (aproximadamente 18,000 USD) para construir un sitio web llamado HwangYe (www.chinapages.com). El principal negocio de HwangYe era traducir datos corporativos al inglés y enviarlos a la empresa de Sam, VBN, en Estados Unidos, para construir su página de inicio en inglés.

Pero la situación era difícil. En China, ni siquiera la palabra 'Internet' era familiar, las empresas locales no sabían cómo leer sus datos en la página web. Todavía existía una gran sospecha sobre las posibilidades del negocio en Internet en China. Jack animó a sus colegas citando el discurso de Bill Gates, que también es muy famoso en China.

Palabras Finales

La última recomendación que las personas exitosas suelen dar a los demás es que te tomes las cosas con calma. Está bien comprometerse y estar motivado para tener éxito, pero esto no debería implicar trabajar hasta agotarte y hacerte miserable. El éxito es algo para disfrutar. La vida está llena de altibajos, así que asegúrate de no ser demasiado duro contigo mismo cuando cometes errores y recuerda el panorama general.

Parte de las recompensas que podemos obtener cuando abrazamos el éxito y lo hacemos nuestro es reconocer que lo que elegimos hacer día tras día afecta quién puedes llegar a ser y qué podemos hacer con nuestras vidas. Algunas partes del plan para el éxito suceden rápidamente, otras llevan tiempo y paciencia.

A medida que avanzamos en nuestro camino hacia el éxito, siempre debemos estar atentos a las oportunidades y recordar que se requerirán ciertos sacrificios. Definimos el éxito para nosotros mismos, así que establece tus propias metas, sigue tu camino hacia el éxito y ¡agárrate fuerte!

Agradecimiento

Querido lector,

Permíteme expresar mi más profundo agradecimiento por embarcarte en esta travesía hacia el descubrimiento de cómo atraer riqueza a través de "Cómo Atraer Dinero: Los 7 Pilares De La Mentalidad Millonaria". Es un honor y un privilegio contar contigo como parte de esta comunidad que busca transformar su vida financiera.

En este viaje, hemos explorado los fundamentos esenciales que distinguen a las mentes millonarias, desglosando estrategias concretas que te empoderarán para atraer la riqueza que mereces. Tu compromiso con este proceso de crecimiento personal y financiero no solo te beneficiará a ti, sino que también contribuirá a construir una comunidad de individuos que buscan alcanzar su máximo potencial.

La creación de este libro no habría sido posible sin el apoyo y la inspiración que he recibido de personas como tú, ávidas de conocimiento y decididas a cambiar su realidad financiera. Cada página escrita ha sido moldeada con la intención de proporcionarte no solo información práctica, sino también una guía que te impulse a la acción.

Agradezco sinceramente a aquellos que han compartido sus historias, éxitos y desafíos a lo largo de este viaje. Vuestra experiencia ha enriquecido este libro y ha brindado perspectivas valiosas que todos podemos aplicar en nuestro propio camino hacia la abundancia.

Asimismo, quiero expresar mi gratitud a los mentores y líderes cuyas enseñanzas han iluminado mi propio camino. Al compartir sus conocimientos, han allanado el camino para que nosotros sigamos sus pasos y construyamos nuestro propio destino financiero.

Recuerda que este libro es más que palabras en papel; es una herramienta dinámica que puede transformar tu vida si decides aplicar sus principios. A medida que absorbes cada lección, te invito a reflexionar sobre cómo puedes incorporar estos pilares en tu día a día y cómo, juntos, podemos crear una comunidad de éxito financiero.

En nombre de todo el equipo que ha contribuido a este proyecto, te agradezco sinceramente por tu compromiso, tu valentía y tu deseo de prosperar. Que este libro sea el catalizador que impulse tu viaje hacia la riqueza y el éxito.

Bono: El Mapa Hacia La Libertad Financiera

En reconocimiento a vuestra confianza y dedicación, me complace anunciar un regalo especial como muestra de agradecimiento. He creado un ebook exclusivo titulado "El Mapa Hacia La Libertad Financiera: Transforma Tu Futuro Económico Con Estrategias Comprobadas". Este material adicional amplía y complementa las ideas presentadas en "Cómo Atraer Dinero", proporcionándoos herramientas adicionales para alcanzar vuestras metas financieras.

Contenido del eBook:

Introducción:

Explora los desafíos que enfrentan las personas con bajos ingresos y problemas de deudas, estableciendo el propósito del libro para ofrecer estrategias efectivas hacia la libertad financiera.

Capítulo 1: Descifrando los Secretos de la Libertad Financiera:

Define qué es la libertad financiera y aborda las dudas y miedos comunes asociados con este objetivo.

Capítulo 2: Fundamentos de las Finanzas Personales:

Ofrece una guía detallada sobre cómo organizar y administrar adecuadamente las finanzas personales, destacando la importancia del presupuesto, el ahorro y la eliminación de deudas.

Capítulo 3: Generando Ingresos Adicionales:

Explora diversas formas de generar ingresos adicionales, incluso con recursos y habilidades limitadas, proporcionando consejos para optimizar el tiempo y aprovechar oportunidades.

Capítulo 4: Inversiones Inteligentes para el Futuro:

Introduce el mundo de las inversiones, con un enfoque en opciones accesibles para personas con bajos ingresos, explicando conceptos financieros básicos y recomendando inversiones de bajo riesgo pero con potencial de crecimiento.

Capítulo 5: Superando los Obstáculos Financieros:

Identifica y supera obstáculos que impiden el progreso financiero, ofreciendo estrategias para enfrentar deudas, negociar pagos y recuperar el control de las finanzas personales.

Capítulo 6: Manteniendo la Ruta hacia la Libertad Financiera:

Proporciona consejos para mantener la disciplina financiera a largo plazo, estableciendo metas claras y realistas y midiendo el progreso financiero.

Conclusión:

Recapitula los puntos clave presentados en ambos libros y anima a mantener la creencia de que es posible alcanzar la libertad financiera, incluso en situaciones económicas desafiantes.

Este ebook es mi regalo para ustedes, una herramienta adicional para potenciar vuestro viaje hacia una vida financiera más plena y satisfactoria. Descárgalo, léelo con atención y, sobre todo, apliquen las estrategias en vuestra vida diaria.